Monnaie, Financement, Dettes :
ce qui cloche en un clin d'œil

JEAN-DAVID HADDAD

Monnaie, Financement, Dettes :
ce qui cloche en un clin d'œil

Décryptages
JDH Éditions

Préambule

Si vous avez ce livre entre les mains, c'est probablement que vous me connaissez, mais possiblement aussi que vous me découvrez. Pour cette dernière catégorie de lecteurs, que je suis ravi de rencontrer via ces pages, je vais quand même mentionner mon parcours en quelques mots.

Professeur agrégé de Sciences économiques et sociales depuis de longues années, ayant enseigné au lycée comme à l'Université, j'ai aussi cofondé en 2002 un média financier dont je suis depuis le départ le rédacteur en chef et le principal contributeur. Ayant écrit plusieurs livres sur la Bourse, la finance, l'économie, la société, je me suis lancé en 2017 dans l'aventure éditoriale en créant la maison JDH Éditions qui édite le présent livre et de nombreux autres, de plusieurs centaines d'auteurs. Dont beaucoup sur la sphère économique et financière.

Je voudrais vous dire pourquoi j'ai écrit ce livre et comment m'en est venu l'idée.

En fait, ce livre est basé sur le cours d'économie que je dispense en classe de première au lycée, donc à des jeunes de 16/17 ans qui découvrent toutes ces problématiques. La monnaie, le financement de l'économie, l'endettement de la France et peut-être aussi votre endettement : des sujets brûlants, n'est-ce pas ? En dispensant ce cours, au fur et à mesure que j'avançais, je constatais que les problèmes auxquels nous sommes confrontés, ces problèmes qui font chuter les gouvernements, me sautaient aux yeux. Et mes élèves les ont bien compris. Alors, habitué à écrire et à créer des ouvrages, je me suis dit qu'il fallait bien un livre, pour que tous les lycéens qui ne soient pas mes élèves puissent aussi les comprendre. Mais aussi et surtout pour que le grand public, qui a du mal à comprendre comment tout cela s'emboîte (car les médias ne nous l'expliquent pas, ou l'expliquent mal, ou l'expliquent partialement), y trouve aussi son compte en matière d'explication et de compréhension. Nous n'allons pas aller sur des problématiques philosophiques, ni sur des graphiques ou des équations qui ne font qu'embrouiller les novices… Non ; nous allons rester sur des choses simples, qui, pour la plupart, vous concernent et nous concernent à tous.

Ce livre s'adresse donc conjointement aux élèves de première qui ont besoin d'une autre approche que celle de leur professeur, qui ont besoin de plonger dans le concret de l'actualité pour bien comprendre ces notions nouvelles pour eux… et il s'adresse au grand public qui a besoin de décrypter ce qu'on ne nous explique pas dans les médias, ainsi que de découvrir quels sont les vrais problèmes liés au financement, dans notre pays et forcément aussi dans le monde, et où tout cela peut nous mener. Ce double lectorat qui est visé par cet ouvrage était celui visé par mon best-seller de 2019 : *L'économie, rien de plus simple !*

Mon objectif sera ici qu'en un clin d'œil, celui porté sur une cinquantaine de pages, vous puissiez à la fois comprendre comment l'économie se finance, et de quoi souffre aujourd'hui notre économie !

De petites rubriques intitulées « ce qui cloche » apparaîtront de manière détachée, afin que vous puissiez comprendre les sources de beaucoup de nos problèmes.

Je ne donnerai pas de solutions, mais elles sont évidentes à la lecture des problèmes… Chacun pourra néanmoins les interpréter en fonction de sa grille de lecture personnelle.

Je vous laisse donc découvrir ces notions, et j'espère que vous verrez autrement ce qu'on vous raconte dans les médias « mainstream » aussi bien que dans la « complosphère ».

PREMIÈRE PARTIE
LA MONNAIE

C'est à partir du moment où la monnaie s'est mise à existe que l'Humanité a modifié sa façon de fonctionner… Et plus la monnaie a changé de forme, plus de nouvelles problématiques sont apparues.

La monnaie est un moyen d'échange, un intermédiaire des échanges, qui s'est mis à exister il y a près de 3 000 ans, quand le troc (échange d'un bien contre un autre bien) devenait compliqué car la population augmentait et se désédentarisait.

Les mutations de la monnaie

La monnaie a changé de forme au fil du temps, passant du sel au bétail, puis aux pièces. Pendant longtemps, ces pièces étaient faites de métaux précieux, mais ce n'est plus le cas aujourd'hui. Pour une histoire complète et détaillée de la monnaie, je vous renvoie au livre *Money, monnaie, monnaies* de Simone Wapler (édité chez JDH Éditions).

Aujourd'hui, les monnaies physiques en métaux précieux, qui ont longtemps été utilisées, n'existent plus. D'ailleurs, pendant longtemps, l'argent a été le métal qui composait les pièces de monnaie, si bien qu'on dit, dans le langage courant, « l'argent » pour désigner la monnaie. Aujourd'hui, il y a la monnaie fiduciaire (pièces et billets), qui est donc une monnaie matérielle, et la monnaie scripturale (chèques, virements bancaires, cartes de crédit), qui est une monnaie immatérielle (on parle de dématérialisation de la monnaie).

Le saviez-vous ?

Fiduciaire : vient du mot « fiducie » qui signifie « confiance » en latin, car on a confiance en la valeur écrite sur un billet de banque ou une pièce en métal, vu que le billet en lui-même ne vaut rien (c'est un bout de papier).

Scripturale : vient du terme « écriture ». La monnaie scripturale consiste à écrire une somme quelque part (sur un compte en banque par exemple ou sur un chèque) et c'est cette somme qui est considérée comme monnaie. Cela s'applique pour les virements bancaires, d'où le rôle important des banques dans l'économie.

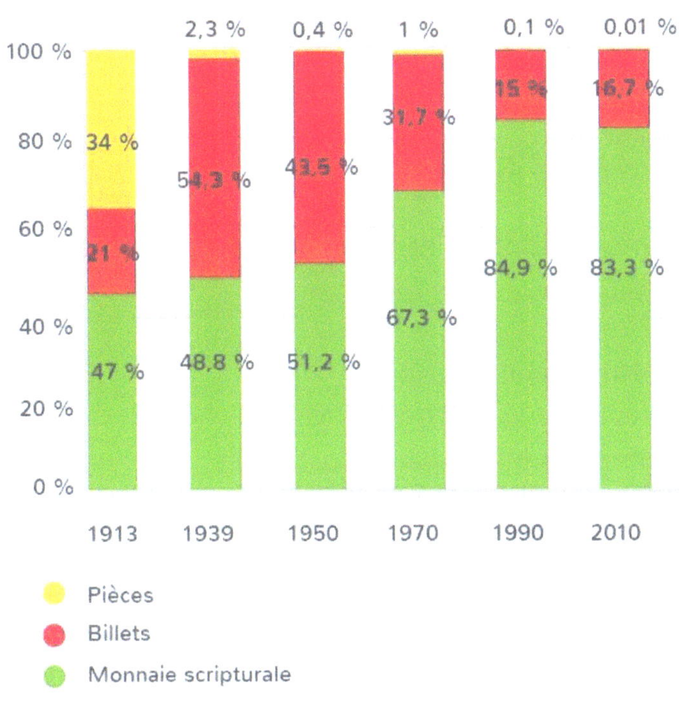

Source : d'après la Banque de France

D'après ce graphique de la Banque de France, on constate que sur un siècle (entre le début du XXe et le début du XXIe siècle), la monnaie est de moins en moins matérielle. En effet, les pièces de monnaie représentaient

34 % des échanges monétaires en 1913 contre 0,01 % en 2010. Leur part avait déjà fortement chuté au milieu du XXe siècle, là où la part des billets avait fortement augmenté. À partir du milieu du XXe siècle, la part des billets dans les échanges baisse aussi au profit de la monnaie scripturale. Cette dernière représente plus de 80 % des échanges depuis les années 1990.

On peut penser que cela est dû aux évolutions technologiques et aux évolutions de l'économie mondiale, qui viendraient s'imbriquer :

    – Invention des cartes de crédit

    – Informatisation et création des réseaux comme Internet pour faciliter les virements

    – Mondialisation des transactions, ce qui est plus facile avec les virements qu'avec les chèques ou qu'en envoyant des billets par la Poste (c'est d'ailleurs interdit).

Les fonctions de la monnaie (à quoi elle sert)

– La monnaie est par définition un intermédiaire des échanges, c'est sa fonction première.

– Elle permet de mesurer la valeur des choses de manière objective, on dit qu'elle est une unité de la valeur.

– Elle est une réserve de valeur : on la met de côté pour plus tard.

– La monnaie a une fonction politique et géopolitique, elle définit l'identité d'un pays (exemple : le dollar a une identité très forte, c'est la monnaie mondiale de référence). L'euro (en circulation depuis 2002) envoie un message très fort, celui d'une vision commune entre des pays voisins mais différents. La Grande-Bretagne est sortie de ce système monétaire en 2021, car ce pays ne partageait pas les valeurs communes des autres pays dans la zone Euro.

Ce qui cloche

La monnaie scripturale a une autre fonction par rapport à la monnaie fiduciaire, et nous verrons à quel point cela devient un problème et les conséquences que cela a pu avoir. Cette autre fonction, c'est de permettre une grande traçabilité des transactions : tous les échanges monétaires sont enregistrés auprès d'une banque et l'État peut avoir accès à tout. **Avec la monnaie scripturale, les paiements ne sont pas anonymes, contrairement aux billets.** Aujourd'hui, en France, les paiements en espèces sont passés à 1 000 € maximum. Ce seuil n'a fait que baisser. Mais il n'existe pas dans tous les pays. Même au sein de l'Union Européenne. La France est un des pays les plus restrictifs en la matière avec ce seuil de 1 000 € (par exemple il est de 3 000 € en Belgique).

Source : Le Figaro

Cependant, même quand les paiements en espèces ne sont pas limités, il est de plus en plus rare de tout payer en espèces. Y compris en Afrique qui reste le continent utilisant le plus les espèces.

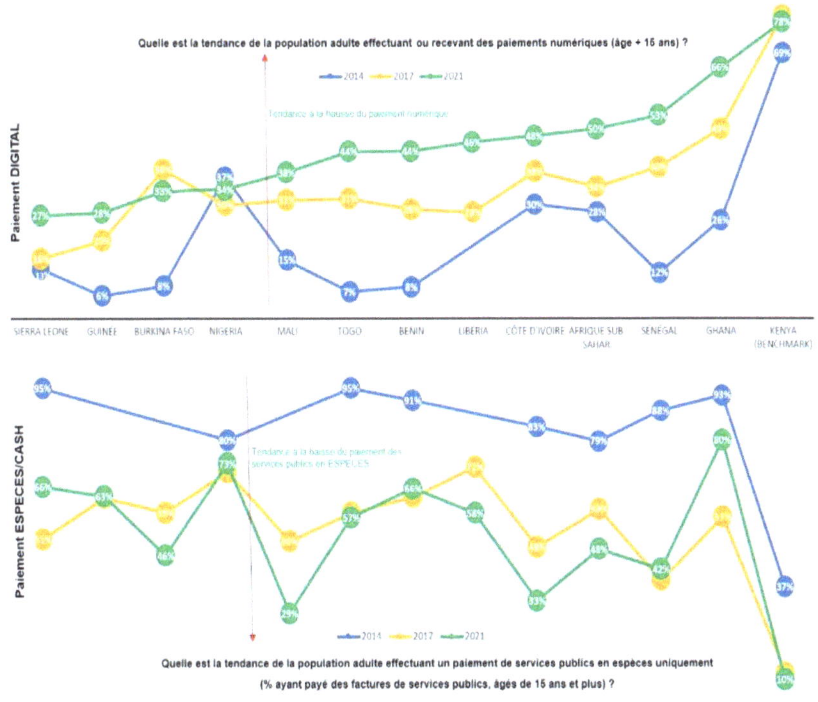

Source : Données Findex

On constate que tous les pays d'Afrique se mettent progressivement aux transactions électroniques. Cela va naturellement de pair avec le développement d'un pays dans le cadre de la mondialisation des échanges. Cependant, un pays comme le Ghana voit encore 80 % de ses transactions se réaliser en espèces.

Ces dernières années, de nouveaux types de prétendue monnaie scripturale non traçable par les banques ni l'État ont émergé : les cryptomonnaies (dont la première est le bitcoin).

Les cryptomonnaies

Les cryptomonnaies ne constituent pas une nouvelle forme des monnaies scripturales comme put l'être la carte de crédit en son temps (1951 aux États-Unis, 1967 en France).

Les cryptomonnaies ne sont pas à proprement parler des monnaies, elles ne font pas partie du système monétaire mondial, elles ne sont pas des monnaies nationales comme peuvent l'être le dollar, le yen ou encore le zloty, ni des monnaies transnationales comme peuvent l'être l'euro ou le franc CFA.

Aussi, selon l'Autorité des Marchés Financiers, « *les cryptomonnaies, plutôt appelées crypto-actifs, sont des actifs numériques virtuels qui reposent sur la technologie de la blockchain (chaîne de blocs) à travers un registre décentralisé et un protocole informatique crypté. Un crypto-actif n'est pas une monnaie. Sa valeur se détermine uniquement en fonction de l'offre et de la demande. Les crypto-actifs ne reposent pas sur un tiers de confiance, comme une banque centrale pour une monnaie. Il existe à ce jour plus de 1 300 crypto-actifs. Les plus connus sont le bitcoin, le ripple, l'ether, le litecoin, le nem et le dash* ».

Le champ d'utilisation d'une cryptomonnaie n'est pas universel. Même si vous possédez plusieurs bitcoins, vous ne pourrez pas acheter la maison de vos rêves avec ces bitcoins. Car, encore une fois, ce ne sont pas des monnaies ! L'une de leurs utilisations historiques était de pouvoir effectuer des transactions sur le dark web, cette partie cachée du Web où tout est crypté, difficilement traçable, et où sévit la criminalité internationale. Ces actifs virtuels sont donc bien des outils de paiement dans des univers cachés et criminels comme le dark web mais elles sont beaucoup plus difficiles à utiliser dans le monde réel de tous les jours. Pour convertir ces actifs en euros ou en dollars, cela n'est pas si facile quand il s'agit de sommes importantes, quand on parle de millions. Ça l'est bien plus sur de petites sommes. Autrement dit, les fortunes en cryptomonnaies sont des fortunes assez largement virtuelles, qui reposent par ailleurs sur de simples codes informatiques, car une cryptomonnaie n'est pas autre chose qu'un code informatique, même si elle n'est pas seulement ça. Et d'ailleurs, ces fortunes virtuelles pourraient s'effondrer en cas de panne informatique mondiale.

Aujourd'hui, l'existence de ces actifs prend de plus en plus d'importance. La capitalisation totale (combien valent toutes les cryptos en circulation de la planète, mises bout à bout) a augmenté de manière forte depuis les années 2020.

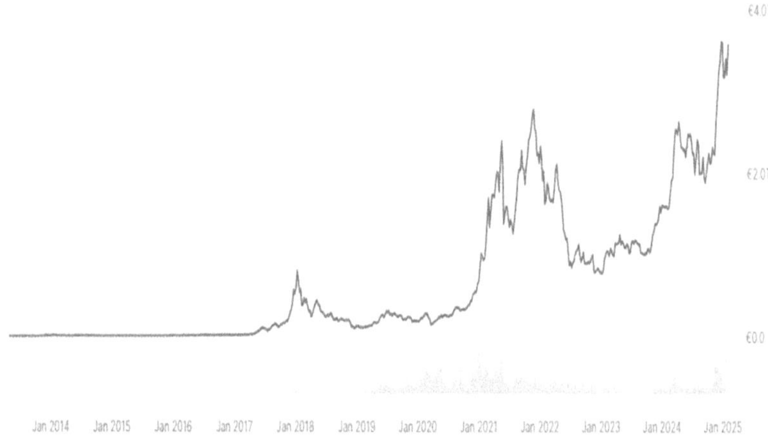

Source : CoinMarketCap.

En janvier 2025, cette capitalisation représente près de 4T€ (4 000 milliards d'euros), soit moins du double de celle du CAC 40 qui est de 2,5T€ environ à la même période. Et c'est bien moins que la capitalisation du Dow Jones (estimée à plus de 9T€ en janvier 2025) et peu de choses par rapport à la capitalisation cumulée de toutes les Bourses mondiales qui est de 110T€ en janvier 2025 (il s'agit de la valeur de la somme de la valeur de toutes les actions cotées en Bourse sur la planète). Cette capitalisation équivaut à peu de choses près au PIB mondial, c'est-à-dire à la somme de toutes les richesses créées dans le monde en un an.

Le problème avec les cryptomonnaies, c'est que leur valorisation ne repose sur rien sinon sur l'offre et la demande. Aucun élément tangible. Quand on voit l'évolution de l'euro par rapport au dollar, on peut rattacher cela à des fondamentaux économiques, à savoir une comparaison de l'économie européenne avec l'économie américaine. Quand on voit l'évolution du cours de Bourse de l'action Tesla, on peut se dire que la hausse est exagérée, car la capitalisation boursière est très élevée par rapport au chiffre d'affaires et aux bénéfices de l'entreprise. Mais quand on voit le cours du bitcoin, on ne peut pas dire si à 100 000 dollars il est cher ou bon marché, pas plus qu'à 10 dollars ou qu'à 10 millions de dollars, car sa hausse ne repose sur rien de tangible, rien de mesurable.

C'est cependant l'actif dont la valeur a le plus été multipliée dans l'histoire de l'Humanité en si peu de temps ; à sa création en 2009, le bitcoin valait 0,001 dollar. Il vaut 100 millions de fois plus au bout de 16 ans ! 1 euro placé sur le bitcoin en 2009 vaudrait 100 millions d'euros aujourd'hui, mais cela, c'est de la pure théorie, bien évidemment.

La création du bitcoin en 2009 n'est pas étrangère à ce qui s'est déroulé à l'époque, à savoir la crise financière dite des subprimes. Nous n'y reviendrons pas, mais nous nous souviendrons de la phrase prononcée d'un commun accord par les présidents Sarkozy et Obama, qui parlaient de « cancer des paradis fiscaux ». Cette crise a poussé la plupart des dirigeants occidentaux à adopter des mesures très restrictives contre la libre circulation des monnaies. C'est d'ailleurs à partir de là que les transactions en espèces (vues ci-dessus) ont été de plus en plus limitées. Les contrôles gouvernementaux sur les transactions, qui avaient commencé avec les problèmes liés au terrorisme, venaient là de passer la deuxième vitesse.

Or, la liberté, c'est comme la vie. Elle se crée un chemin là où elle peut. La liberté financière, celle d'échapper aux fourches caudines des États, en fait éminemment partie. Voilà une des raisons de l'émergence de ces cryptomonnaies : la volonté d'échapper au contrôle de nos transactions, permis par le développement des outils informatiques qui contrôlent plus facilement la monnaie scripturale que la monnaie fiduciaire.

Autrement dit, l'informatique a répondu « liberté » à une évolution permise par l'informatique appelée « contrôle ». Normal vu que l'informatique n'est qu'un outil créé par l'être humain.

Ce qui cloche

Aujourd'hui, les cryptomonnaies, qui ont été une réaction au contrôle excessif des transactions, sont-elles un problème pour l'humanité ?

À l'échelle de l'économie mondiale, elles ne le sont pas. Car leur capitalisation, comme nous l'avons constaté ci-dessus, demeure faible : moins de 4 % du PIB mondial. La fuite des capitaux vers cette sphère demeure modérée à l'échelle du monde. Les cryptomonnaies sont surtout un problème pour les particuliers qui pensent pouvoir y faire fortune et y placent leurs économies ! Et aussi pour le développement de la criminalité et de ses réseaux, car elle les aide, via le dark web, via l'absence de contrôle sur les transactions. On ne peut pas prétendre lutter contre la criminalité et avantager le développement des cryptomonnaies. Ainsi, la nouvelle administration Trump, très axée sur le développement de ces marchés, ne va-t-elle pas perturber les équilibres économiques mondiaux ? Nous le verrons bien. Aujourd'hui, elles sont plus une menace qu'un vrai problème. Mais demain… reste à écrire.

SECONDE PARTIE DU FINANCEMENT À L'ENDETTEMENT

Pour bien comprendre le financement de l'économie, il était nécessaire de faire un petit développement sur la monnaie, de bien préciser que les cryptomonnaies ne sont pas des monnaies. En effet, parler de financement de l'économie sous-entend de commencer par parler de la création monétaire car c'est aujourd'hui là que se trouve la source du financement… et des problèmes. C'est donc en comprenant cette création monétaire que petit à petit émergeront sous vos yeux la réalité et l'étendue des problèmes que nous vivons.

Comment la monnaie est-elle créée ?

La notion de création monétaire est associée à celle de banque. Il y a donc dans l'économie des banques qui appartiennent aux États, qu'on appelle les Banques Centrales. Il y a des banques dites commerciales, qui sont les banques privées (LCL, BNP Paribas, etc.). Toutes ces banques créent de la monnaie, mais différemment.

La monnaie fiduciaire est imprimée et créée par la Banque Centrale et uniquement par la Banque Centrale, qui décide combien de pièces et billets elle crée. En zone Euro, il y a une Banque Centrale commune à tous les pays ; c'est la BCE (Banque Centrale Européenne). Aux États-Unis, c'est la FED (Réserve Fédérale). Mais quand on parle de création monétaire, il ne s'agit pas que de fabriquer des pièces et des billets. Rappelons que la monnaie fiduciaire ne représente que 16 % des échanges monétaires.

L'essentiel étant donc la monnaie scripturale, la question est de savoir comment elle est créée.

– Premièrement, elle est créée par les banques commerciales lorsqu'elles accordent des crédits aux particuliers (exemple : pour acheter un appartement, une voiture, etc.) ou aux entreprises (exemple : pour acheter du matériel). En effet, si un particulier obtient un crédit, il y a une somme d'argent qui est créée par la banque, qui est versée sur son compte bancaire, avec laquelle il paye ce qu'il veut acheter. Seulement, cette somme doit être remboursée, sur une durée définie à l'avance (par exemple 7 ans), tous les mois, avec ce qu'on appelle des intérêts payés chaque mois. Ces intérêts dépendent du taux d'intérêt qui permet de rémunérer la banque pour son travail de création monétaire. Le taux d'intérêt est en partie déterminé par le marché (l'offre et la demande) et en partie décidé par la Banque Centrale.

Exemple : Si j'emprunte 7 000 € sur 7 ans, je ne rembourse pas 1 000 € par an, mais 1 000 € + les intérêts par an.

Exemple : Selon des moteurs de simulation bancaire, à fin 2024, 15 000 € d'emprunt sur 5 ans coûtent au total 16 467 €, la banque gagne donc 1 667 €, donc 6 %.

Une banque A va donc prêter à un particulier de l'argent pour que celui-ci paye un commerçant ; ce commerçant va le déposer sur le compte bancaire d'une banque B, qui pourra l'utiliser pour le prêter, etc.

On dit que « les crédits font les dépôts » :

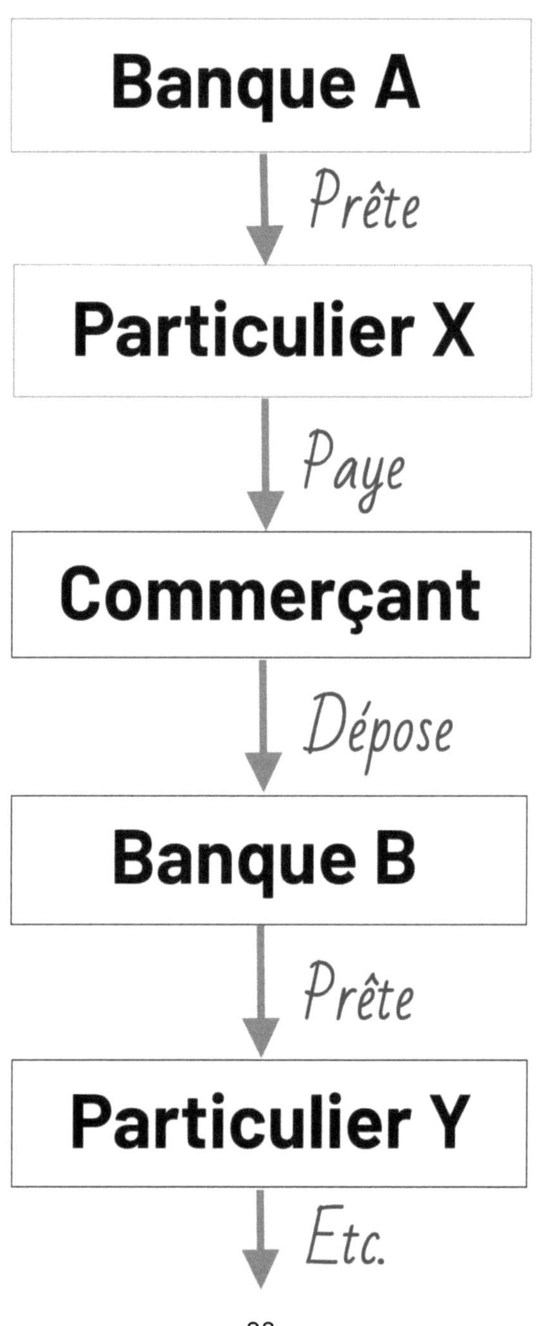

Banque A
Prête
Particulier X
Paye
Commerçant
Dépose
Banque B
Prête
Particulier Y
Etc.

– Deuxièmement, la monnaie scripturale est créée par la Banque Centrale. Il faut en effet aussi savoir que la Banque Centrale prête de l'argent aux banques commerciales suivant un taux d'intérêt qu'elle fixe qui s'appelle le taux directeur ; ce taux fait partie de la politique monétaire d'un pays, et pour l'Europe, d'une zone économique. **C'est en fonction de ces taux directeurs et de leurs évolutions que les taux d'intérêt des banques vis-à-vis de leurs clients vont augmenter ou diminuer.** Ainsi, si les taux d'intérêt pratiqués dans l'économie sont restés très bas pendant plusieurs années, c'est parce que la Banque Centrale Européenne avait un taux directeur à 0 %, ce qui signifie qu'elle prêtait de l'argent gratuitement aux banques. Cela a pris fin début 2022. En 2023, la BCE ne fait qu'augmenter ses taux directeurs. Ainsi, toute l'année 2023 a été le prolongement de 2022 avec des taux directeurs atteignant des niveaux inédits depuis très longtemps. Cela aussi bien en Europe qu'aux USA qu'en Grande-Bretagne, tandis que le Japon faisait figure d'exception en adoptant une politique monétaire à contre-courant, et en gardant des taux proches de zéro.

Les banques commerciales peuvent aussi se prêter de l'argent entre elles à un taux d'intérêt qui se fixe quotidiennement sur le marché monétaire. En Europe, ce taux se nomme « EURIBOR ».

Schéma simplifié de la création monétaire par les crédits :

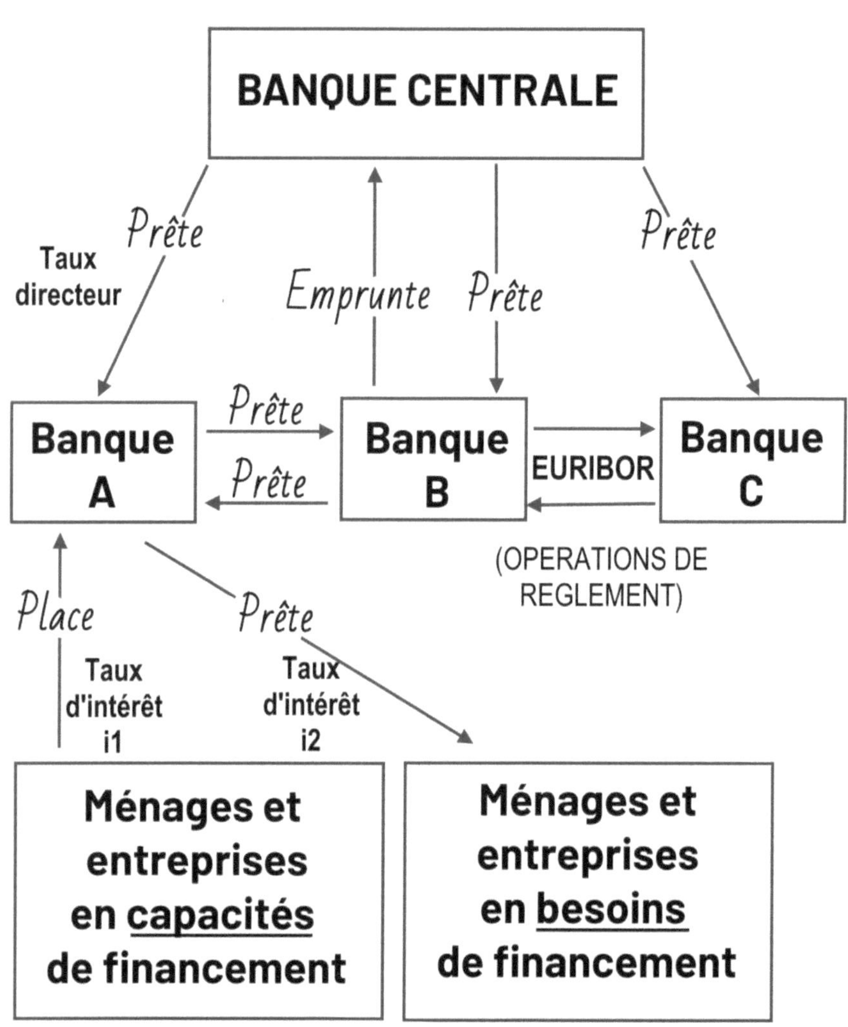

Pendant la période du COVID, où la plupart des pays européens, la France en tête, ont autoritairement décidé de paralyser l'économie, la BCE a mis en place plusieurs mesures pour soutenir l'économie de la zone euro, notamment par la création monétaire. Cela incluait des achats d'actions et d'obligations sur les marchés financiers, qu'il fallait bien financer en créant de la monnaie simplement par des jeux d'écriture. Une banque centrale crée de la monnaie comme nous écrivons un texte ou faisons un virement, puisqu'il s'agit de monnaie scripturale, donc de jeux d'écriture. La BCE a aussi maintenu ses taux directeurs à des niveaux très bas, voire négatifs, pour encourager les banques commerciales à prêter davantage. Les prêts à long terme ont été proposés à des conditions très favorables, ce qui a permis aux banques de financer les entreprises et les ménages à des coûts réduits. En quelques mots, l'argent coulait à flots ! Et quand l'argent coule à flots, que se passe-t-il d'après vous ? L'argent devient moins rare donc il se déprécie. Et s'il se déprécie, le prix des biens et des services s'apprécie puisque les biens s'échangent contre de la monnaie. **C'est de là qu'est venue l'inflation**. Ce n'est pas de la guerre en Ukraine, comme il se dit dans les mass medias. Certes, la guerre a amplifié le mouvement, mais l'inflation a commencé bien avant, comme le montre le graphique de l'INSEE.

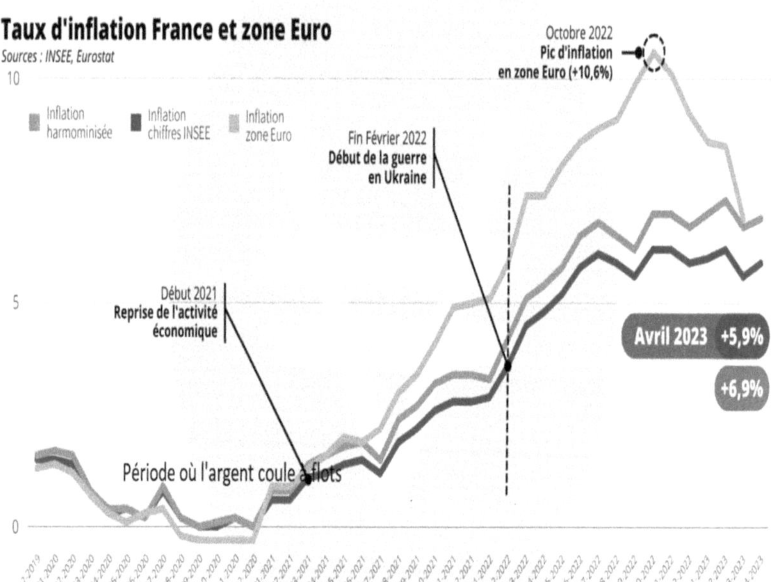

C'est la politique décidée pendant le COVID qui a eu raison du pouvoir d'achat, plus que la guerre en Ukraine. On voit bien que les courbes allaient continuer de monter en février 2022, elles n'étaient pas sur un plateau…

Comment les ménages se financent-ils ?

Un ménage est l'ensemble des occupants d'un logement, unis ou pas par des liens officiels. Un célibataire dans un HLM, c'est un ménage. Une famille dans une grande maison, c'est un ménage. Ne sont pas considérés comme ménage les SDF et les prisonniers.

Les ménages disposent de revenus, ce qui inclut les salaires, mais il n'y a pas que les salaires dans les revenus (il y a aussi les aides sociales, les droits d'auteur, les revenus des professions libérales, les revenus du patrimoine, etc.). Ce que les ménages possèdent (immobilier, livrets bancaires) s'appelle le patrimoine. Et il génère aussi des revenus (exemple : quelqu'un possède un appartement et le loue).

Les ménages financent leurs besoins (alimentation, vacances, logement, voiture, mobilier) avec leurs revenus. Il y a aussi souvent une partie des revenus qui est épargnée (exemple : sur un livret A).

Cependant, il arrive souvent que les revenus ne permettent pas de tout payer. Et que les ménages ne veuillent pas utiliser leur épargne. Ou n'en aient pas. Les ménages s'adressent alors aux banques pour demander des crédits. C'est surtout le cas pour acheter des logements. On dit que les ménages s'endettent.

L'endettement des ménages en France n'a fait qu'augmenter depuis la fin du XXe siècle mais il a littéralement flambé depuis le début du XXIe siècle.

Le poste le plus important de cet endettement, c'est les crédits immobiliers qui ont flambé en raison de la hausse des prix immobiliers, des taux bas qui ont été la norme pendant toutes les années 2010 et de la « culture proprio » qui s'est installée dans toutes les classes sociales depuis une vingtaine d'années.

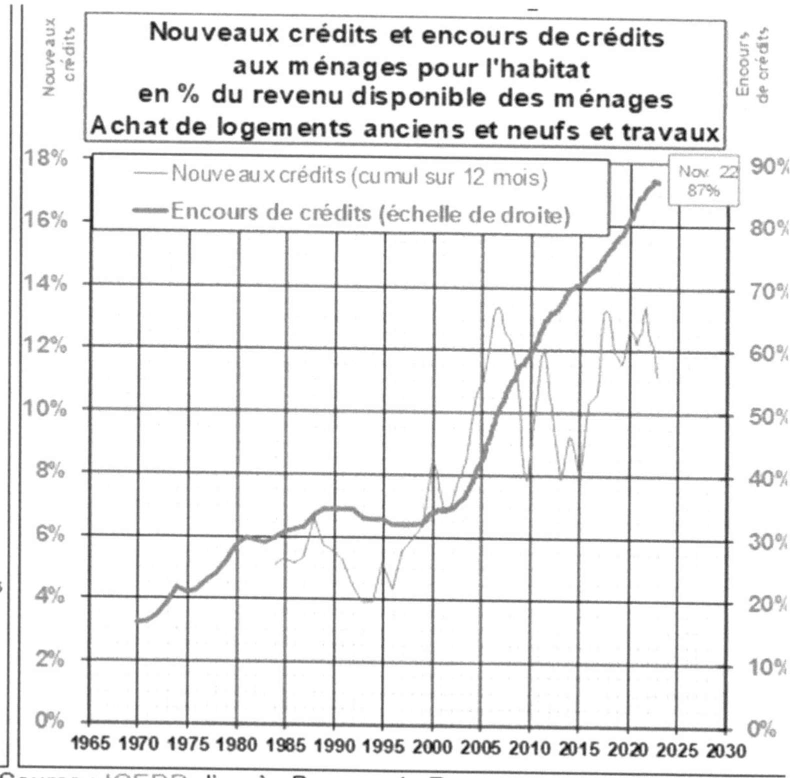

Source : IGEDD d'après Banque de France et INSEE. Cf. [20]

L'encours des crédits représente la somme totale des prêts immobiliers que les Français doivent encore rembourser à leur banque et autres organismes de crédit divers. À la fin 2022, l'encours des crédits immobiliers atteignait 87 % des revenus disponibles des ménages.

Ce qui cloche

Un ménage est surendetté quand ses dettes sont si importantes qu'il n'arrive plus à les rembourser. En général, les banques n'accordent pas de crédit lorsqu'elles jugent que le niveau d'endettement du ménage sera trop élevé. Mais il existe des organismes qui prêtent quand même, et des ménages qui ne prennent pas assez conscience à quel point un prêt est engageant. Il y a aussi le cas d'entrepreneurs qui font faillite, ou de personnes qui perdent leur emploi et n'arrivent plus à rembourser leurs crédits contractés à un moment où leur situation le permettait. Selon la Banque de France, les 10 premiers mois de l'année 2024 ont vu croître de 12 % le nombre de dépôts de surendettement, une hausse qui fait suite à celles de 2021 et 2022. L'inflation et la baisse concomitante du pouvoir d'achat, vues plus haut, n'y sont pas étrangères.

<u>Comment les entreprises se financent-elles ?</u>

Contrairement aux ménages, les entreprises ont des possibilités de financement beaucoup plus variées :

– financement par leurs « fonds propres », c'est-à-dire les sommes d'argent que l'entreprise a accumulées au fil des années, grâce à ses bénéfices passés. Évidemment, une entreprise qui présente des déficits récurrents n'aura pas cette possibilité.

– financement par crédit bancaire. Même principe que pour les ménages, et, là encore, les banques ne prêtent qu'aux entreprises qui font des bénéfices.

– financement par des business angels, c'est-à-dire des particuliers fortunés qui croient dans telle ou telle entreprise et se proposent d'apporter des fonds pour le développement de cette entreprise en contrepartie d'une part significative du capital social. C'est ainsi qu'Apple a démarré.

– financement par le marché financier. Il s'agit de la Bourse. Cela ne concerne que les entreprises d'une certaine taille (normalement plusieurs millions de chiffre d'affaires). Le financement se déroule selon le même principe que pour les « business angels » ; mais à une échelle beaucoup plus importante, où chaque ménage peut investir (pour placer son épargne). Le principe est le suivant : l'entreprise crée des actions nouvelles, donc des parts du capital, puisqu'une action est un titre de propriété coté sur le marché et que chaque actionnaire possède une minuscule parcelle de l'entreprise. Cette création d'actions nouvelles se réalise à un certain prix (prix de l'introduction en Bourse, dite IPO). Les investisseurs lui achètent ces actions et ensuite elles sont cotées sur le marché. Et c'est la loi de l'offre et de la demande qui déterminera l'évolution de leur prix (qu'on appelle « cours de Bourse »). Les investisseurs peuvent les revendre à tout moment, ils peuvent gagner ou perdre de l'argent. Ce mode de financement est hélas très peu utilisé en France. Par rapport au financement bancaire, il a plusieurs avantages :

– Il n'y a pas de crédit à rembourser, donc cela ne crée pas de dette puisque les actionnaires « prennent leur risque ». Cela réduit le risque financier à long terme.

– L'IPO permet d'avoir accès à plus de financement, tandis que les crédits bancaires sont plus limités.

– Le prix des actions d'une entreprise en IPO est fixé par le marché, ce qui permet d'obtenir une valorisation transparente et souvent plus favorable, en fonction de l'offre et de la demande. Les investisseurs qui participent à l'IPO peuvent également voir leur investissement croître si la performance de l'entreprise est positive.

– Une entreprise cotée peut lever des fonds supplémentaires plus facilement à l'avenir par le biais d'émissions secondaires d'actions ou d'obligations convertibles. Cela peut faciliter la croissance et l'expansion continue.

Regardons une comparaison internationale pour ce qui est de l'année 2023.

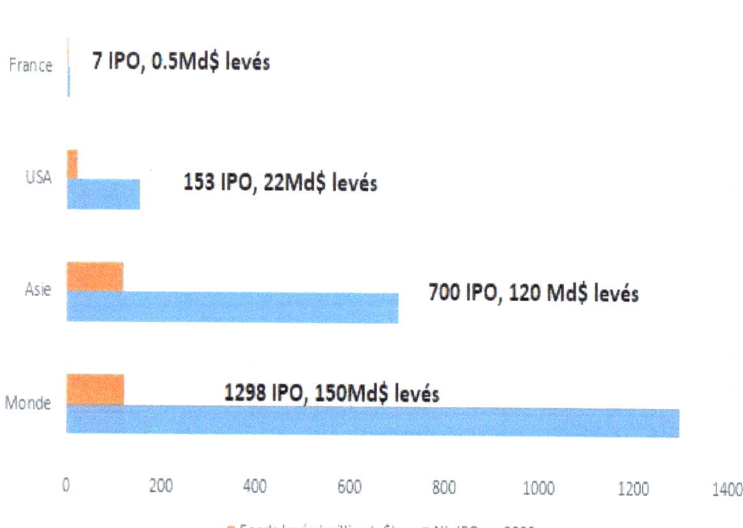

Source : FrancebourseTV, chaîne YouTube de Francebourse.com, décembre 2024

Ce qui cloche apparaît clairement sur le graphique. C'est le très faible accès aux marchés boursiers pour les entreprises françaises qui se voient obligées de se financer par les banques et donc d'être tributaires des crédits que ces dernières voudront bien leur accorder. Même pas un milliard de fonds levés sur le marché en 2023 alors qu'il y a plusieurs dizaines, centaines de milliards qui sont levés ailleurs. La faute à des réglementations très lourdes, à une image désastreuse de la Bourse chez le grand public, à une culture marxiste trop répandue, à une peur de la prise de risque, et une méconnaissance des mécanismes des marchés financiers. Il y a des PME cotées en Bourse en France mais c'est un marché qui n'attire pas les investisseurs, contrairement aux États-Unis où nombre de PME ont pu prendre leur envol grâce à la cotation en Bourse. Ainsi, les IPO permettent, en Asie et aux USA, à de nombreuses entreprises de se financer sans passer par les banques, mais en séduisant les investisseurs. Le marché financier aide à se passer de la bureaucratie du système bancaire et de l'épée de Damoclès d'un crédit. Voilà pourquoi les innovations ont du mal à émerger en France et qu'elles émergent dans des zones économiques qui ont une vraie culture des IPO comme les USA ou l'Asie. Les banques sont en effet bien souvent réfractaires à la nouveauté et à l'audace, et donc notre pays perd des points de compétitivité et de croissance, de manière évidente. Mais c'est aussi moins d'argent dans les caisses de l'État, car des entreprises en forte croissance bénéficiaire, ce serait aussi des impôts récoltés par l'État.

– financement obligataire : les entreprises peuvent aussi faire appel à des investisseurs qui leur prêtent de l'argent, sans passer par des banques. L'entreprise émet un titre de créance, c'est-à-dire un engagement à rembourser une somme d'argent qui lui est prêtée. Ce titre s'appelle une obligation. Elle a une durée et un intérêt annuel (exemple : 10 % par an).

Exemple : L'entreprise emprunte 100 000 € en obligations sur 5 ans. À la fin des 5 ans, elle doit rendre les 100 000 € et chaque année verser par exemple 10 000 € si c'est 10 % ; ce n'est pas pareil qu'un crédit bancaire qui se rembourse tous les mois.

Tous ces financements permettent aux entreprises d'investir (matériel, etc.) et de se développer (par exemple en rachetant d'autres entreprises).

<u>Comment l'État se finance-t-il ?</u>

Avant de parler du financement de l'État, il faut comprendre que tout État a des dépenses pour exister. La France est un des États qui dépense le plus car :

– elle a un système de protection sociale très élaboré : remboursement des soins, aides sociales, aides aux familles nombreuses, construction de logements sociaux, entretien régulier des infrastructures, école gratuite et obligatoire, etc. Cela dit, il est à noter que les comptes de la Sécurité sociale sont séparés de ceux du fonctionnement de l'État, même s'ils font partie aussi des comptes publics.

– elle emploie beaucoup de fonctionnaires, plus que les autres pays (environ 6 millions de fonctionnaires, soit 20 % de la population active).

– elle a la 8e armée du monde (3e du monde en puissance nucléaire), ce qui coûte forcément de l'argent !

– et bien sûr, il y a toutes les dépenses qu'ont tous les États : payer les représentants politiques, construire et entretenir des routes, des écoles, etc.

Tout cela représente en 2024 près de 500 milliards d'euros.

L'État français a donc un besoin important de financement : 480 milliards en 2024, sans compter la Sécurité sociale. Pour cela, l'État a des recettes. Quand on met les recettes de l'État en face des dépenses, on a le budget de l'État. En France, ces recettes sont en 2024 de 372 milliards.

<table>
<tr><td>RECETTES
372 milliards</td><td>DÉPENSES
480 milliards</td></tr>
</table>

Le déficit est donc d'environ 110 milliards d'euros car les recettes ne suffisent pas à payer les dépenses. Regardons en détail ce que sont les recettes et les dépenses, de source gouvernementale, en 2024 :

RECETTES :

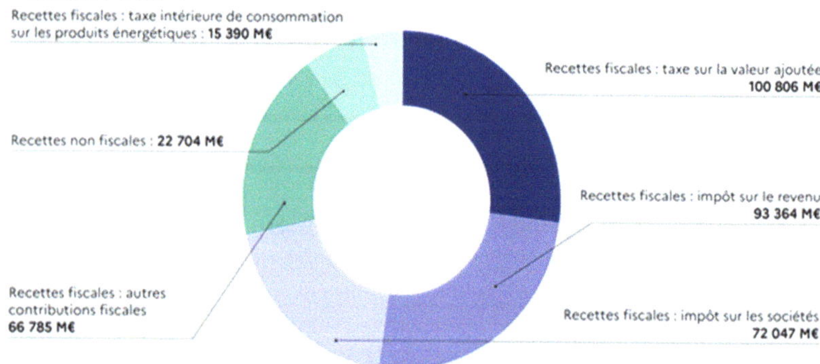

DÉPENSES :

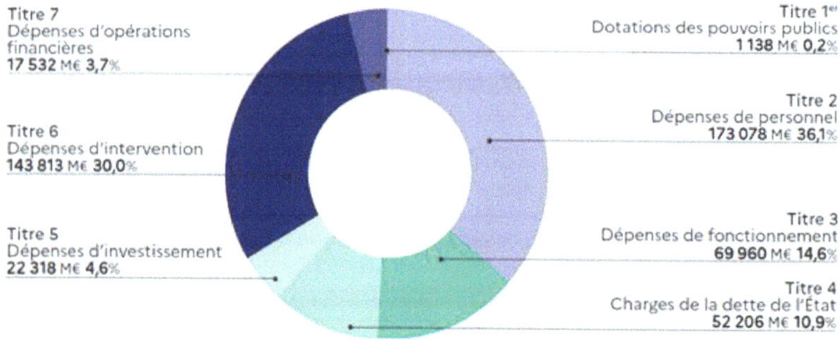

Cela fait plus de 40 ans que le budget est déficitaire. Et cela ne tient pas compte de la Sécurité sociale, qui a oscillé ces 40 dernières années entre bénéfices et déficits :

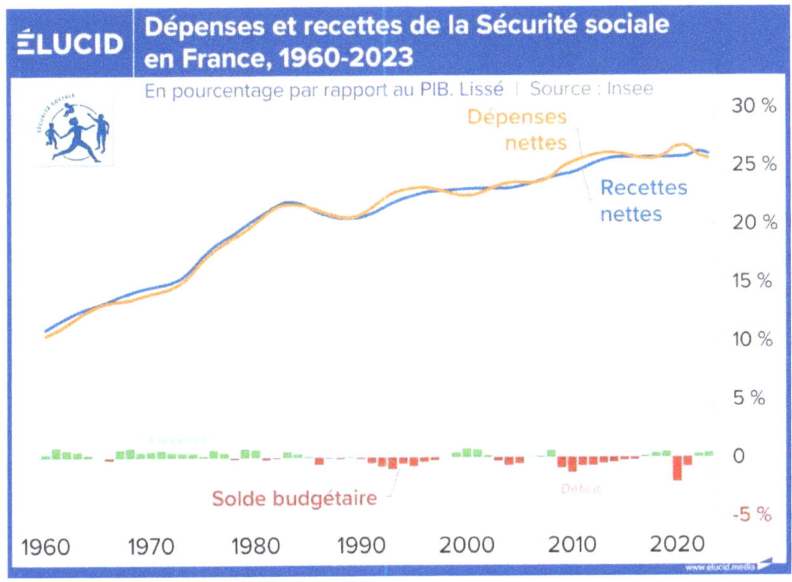

En 2024, le déficit de la Sécurité sociale est de 18 milliards d'euros.

Bien que ces deux déficits soient distincts, ils sont parfois abordés ensemble dans les discussions sur les finances publiques globales de la France, car ils peuvent avoir des implications économiques et budgétaires similaires. Cependant, dans les comptes publics, ils sont traités séparément. **Mais si on les additionne, on a un déficit global de la France de 128 milliards, soit près de 5 % du PIB (d'environ 2 700 milliards).**

Les recettes fiscales d'un État sont un moyen de financer ses dépenses, c'est le principe de la vie en société. Mais la France est le pays où la pression fiscale est la plus élevée en Europe, et, selon certains, dans le monde. Il est très difficile de l'augmenter, elle atteint des seuils qui deviennent insupportables pour beaucoup de gens. Selon l'institut Molinari (juillet 2024), « *pour pouvoir offrir 100 euros de pouvoir d'achat réel à un salarié, une entreprise française doit lui consacrer 218 euros, 118 euros partant en impôts et cotisations diverses.* »

Et les français ont été habitués aux dépenses que fait l'État pour eux (aussi bien les prestations sociales que l'entretien de la voirie, que la police, l'armée ou l'école), ils ne veulent pas les voir se réduire.

Donc que fait notre pays qui n'arrive pas à équilibrer ses comptes depuis 40 ans ? Il emprunte ! Il s'endette ! Depuis trop longtemps. Et trop. Et il n'y a pas assez de croissance économique, donc d'augmentation de la richesse créée pour pouvoir générer plus d'impôts. Gros problème !

Alors, comment l'État s'endette-t-il pour financer son déficit ?

De nos jours, les États ne s'endettent plus par des crédits bancaires, mais par les financements obligataires. L'État français émet des obligations qu'il s'oblige à rembourser au bout d'un certain nombre d'années. Les plus connues sont les OAT 10 ans.

Les gens ont du mal à comprendre ce que sont les obligations. Autant ils comprennent facilement ce que sont des actions, cédées par une entreprise, que l'on achète en Bourse, que l'on peut revendre ; mais les obligations, c'est plus compliqué à comprendre. Donc je vais essayer, modestement, à ma manière, d'expliquer de quoi il s'agit et pourquoi c'est si important et qu'on en parle tellement.

Supposons que tu me prêtes de l'argent parce que j'ai besoin d'argent. Je te signe un papier qui m'oblige à te rembourser, et je dis bien qui m'oblige, d'où le terme obligation. Par exemple, si tu m'as prêté 10 000 €, ce papier m'oblige à te rembourser 10 000 € au bout de 5 ans, mais en même temps, tu vas vouloir être quand même rémunéré pour cet argent que tu as prêté et que tu n'as pas placé ailleurs par exemple, que tu n'as pas mis sur un livret A ou que tu n'as pas mis en Bourse, donc il faudrait que je te verse quelque chose. Eh bien, ça va dépendre de ma solvabilité. Plus je suis solvable, et moins tu vas me demander d'argent, parce que si j'ai beaucoup d'argent, tu vas te dire que je vais pouvoir facilement te rembourser, donc tu me demanderas 3 % par an, voire 2 %, donc 200 € par an. Par contre, si tu vois que ma situation est très fragile, que je galère, là tu vas m'en demander plus (encore une fois, on prête plus facilement aux riches qu'aux pauvres), donc tu vas me demander 10 % ou 15 % par an pour un prêt de 10 000 € sur 5 ans, donc 1 000 € ou 1 500 € de plus par an, parce que tu vas te dire que ma situation est très fragile et que tu veux que ta prise de risque soit bien rémunérée. Logique. Normal. Donc ce papier, que je signe, qui m'oblige à te rembourser, tu peux très bien le revendre en disant que quelqu'un d'autre achète la dette, parce que tu ne crois plus en moi, et moi je devrai alors, au bout des 5 ans, rembourser cette autre personne.

Si déjà vous avez compris ça, alors vous avez tout compris. Vous avez compris que la France est un pays, comme tous les pays, qui emprunte par les obligations sur le marché obligataire, et que plus la France inspire confiance, plus on va lui prêter à des taux faibles ; moins elle inspire confiance, plus les taux vont être élevés. Voilà pourquoi ils sont en hausse depuis la fameuse dissolution de juillet 2024, car le monde a du mal à faire confiance à un pays aussi instable avec en plus deux pouvoirs perçus comme extrémistes et peu compétents en économie aux portes du pouvoir.

Voici l'évolution du taux de rémunération des obligations émises par la France sur une période de 10 ans de remboursement :

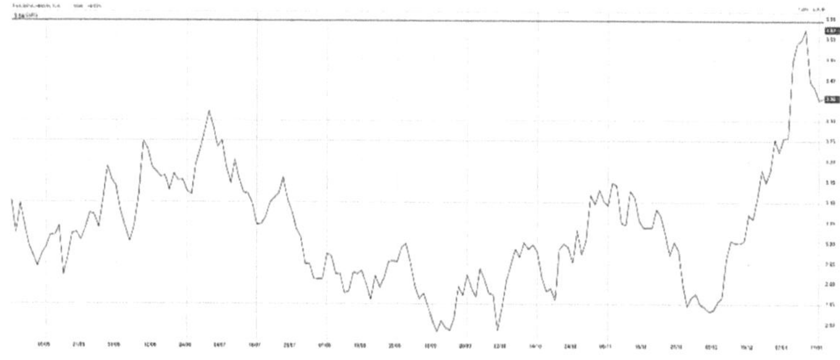

On voit clairement l'explosion de ce taux (donc la baisse de la confiance) depuis début décembre, donc depuis la chute du gouvernement Barnier.

La question est : qui achète les obligations, donc qui va prêter à la France ? Ce sont les banques, ainsi que d'autres États comme la Chine, l'Arabie saoudite, des États qui ont de l'argent (même si la Chine le fait beaucoup moins aujourd'hui car elle se trouve dans une situation économique beaucoup moins bonne qu'il y a encore 5 ans). Donc des pays qui sont en capacité de financement vont prêter à des pays qui ont besoin de financements comme la France, puisque la France n'arrive pas à équilibrer son budget.

La BCE fait partie des acteurs économiques qui achètent ces obligations. Dans le cadre de ses politiques monétaires, la BCE peut en effet acheter des obligations de la France, surtout dans des programmes comme le programme d'achats d'actifs de la BCE, afin de soutenir l'économie de la zone Euro.

Plus le taux attaché aux obligations françaises sera élevé, plus le taux de vos crédits immobiliers, crédits à la consommation ou crédits d'entrepreneur sera élevé lui aussi.

Il n'y a pas que le taux obligataire qui joue, il y en a d'autres, mais ça fait partie de l'équation. Donc on n'a absolument pas intérêt à ce que les taux obligataires soient trop élevés, parce qu'on aura déjà du mal à rembourser la dette de la France qui est déjà très élevée, ce qui ne rassure pas et qui fait qu'aujourd'hui on emprunte à des taux bien plus élevés qu'il y a quelques années.

Comme indiqué précédemment, sachez aussi que les entreprises peuvent emprunter avec du financement obligataire, surtout pour les grosses entreprises mais cela existe aussi avec les OCA (Obligations Convertibles en Actions) mais qui ont fait couler beaucoup de petits porteurs – pas forcément les entreprises, puisqu'elles survivent grâce à ça, mais tout de même beaucoup de petits porteurs.

Donc focalisez-vous sur l'État pour bien comprendre le financement de la France par les obligations.

Le problème qui se pose, c'est que le pays s'endette chaque année davantage sans avoir remboursé ses dettes précédentes. Ainsi, la dette s'accumule et aujourd'hui la France a largement dépassé les 3 000 milliards de dettes. Une dette qui culmine à 1,15 fois son PIB (3e État le plus endetté d'Europe après la Grande-Bretagne et l'Italie).

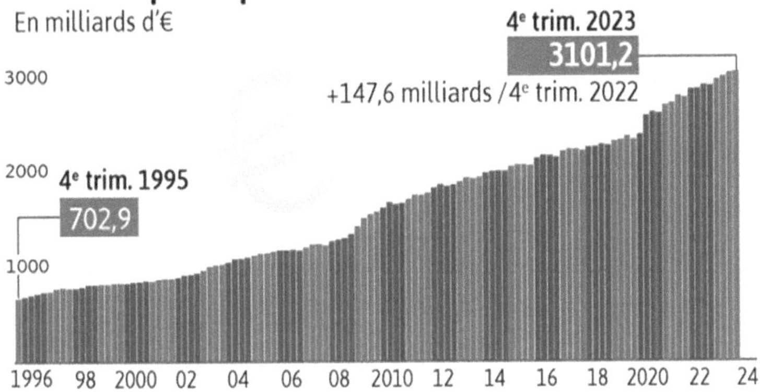

Source : Insee, mars 2024

La France, dont la dette a quasiment quadruplé en 30 ans, et a accéléré sa hausse depuis le COVID, doit de l'argent à beaucoup de monde, et en période de hausse des taux d'intérêt, les intérêts à payer deviennent énormes. Et le pays n'arrive pas à rembourser et s'endette encore et encore... Du coup, la confiance que les investisseurs lui portent est ébranlée. Et les agences de notation financière qui sont des organismes privés qui jugent de la qualité de la dette d'un État mettent une mauvaise note au pays. C'est un cercle vicieux. Comment en sortir ? Si un gouvernement avait la réponse, il n'y aurait pas l'instabilité actuelle.

<u>Dégradation de la note de la France : est-ce grave ou pas ?</u>

Une agence de notation financière est une entreprise spécialisée dans l'évaluation de la solvabilité d'organismes publics ou privés, tels que des États, des entreprises, ou des institutions financières. Ces agences attribuent une note ou une « notation » qui reflète la capacité d'un émetteur à rembourser ses dettes et à faire face à ses obligations financières.

Les notations sont généralement exprimées sous forme de lettres (par exemple, AAA, AA, A, BBB, etc.), où une note élevée (comme AAA) signifie une faible probabilité de défaut de paiement et une note plus basse (comme BB ou C) indique un risque plus élevé.

Les principales agences de notation financières mondiales sont : Standard & Poor's (S&P), Moody's, Fitch Ratings.

Ces agences jouent un rôle important sur les marchés financiers, car leurs notations influencent les décisions des investisseurs, notamment en ce qui concerne les rendements exigés pour les obligations. Une note élevée permet généralement de bénéficier de conditions de financement plus avantageuses, tandis qu'une note faible peut entraîner des coûts de financement plus élevés.

La note attribuée aux États est régulièrement revue à la hausse ou à la baisse. En décembre 2024, après la chute du gouvernement Barnier, la note de la France a été dégradée par l'agence financière Moody's.

Comme pour un particulier, plus un État va mal, et moins on va lui prêter, ou du moins lorsqu'on va lui prêter, on va être plus exigeant. Plus l'État semble solvable, qu'il va pouvoir rembourser, plus on se dit que c'est un placement sûr. Plus le pays semble risqué, plus vous allez demander de l'argent.

La France a été notée par l'agence financière Moody's AA3 ; cela n'a rien de catastrophique, ça place tout simplement la France au niveau du Royaume-Uni. Le Royaume-Uni, c'est certes le symbole d'un pays problématique. Comme nous, ils ne sont pas dans la meilleure situation de leur histoire, ils ont des dettes. Mais cette notation place quand même la France au-dessus de pays comme l'Espagne ou l'Italie, même si on entend souvent dire en ce moment par exemple que l'Espagne va bien, qu'elle fait de la croissance, et pourtant elle est moins bien notée que nous par Moody's, donc cette dégradation de la France n'a rien de catastrophique.

Voici les notes attribuées par Moody's à différents pays européens :

France	AA3
Royaume-Uni	AA3
Irlande	AA3
Japon	A1
Portugal	A3
Espagne	BAA1
Italie	BAA3

Les taux d'intérêts auxquels la France emprunte sur les marchés sont actuellement, comme nous l'avons vu, de l'ordre de 3 % pour les taux obligataires. Pour l'Allemagne par exemple, le taux est actuellement à 2,2 %.

Ce qui cloche

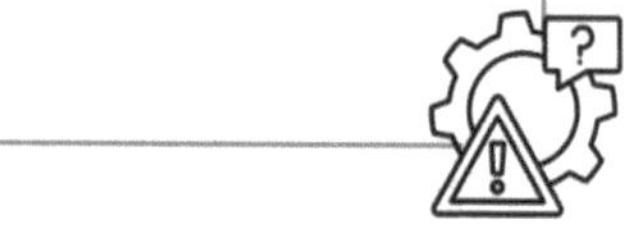

Si on venait demain à emprunter à 4 % au lieu de 3 %, ça ferait 3 à 4 milliards d'euros en plus, et comme c'est pendant 10 ans qu'il faut rembourser, cela ferait dans les 40 milliards sur 10 ans. Ce qui est très conséquent.

Donc moins on emprunte cher, mieux c'est, pour un État comme pour une entreprise ou un particulier, c'est une règle logique évidente, on ne peut absolument pas se réjouir d'un taux d'intérêt qui augmente quand on est emprunteur, contrairement aux prêteurs qui vont s'en réjouir.

Ces agences de notation financière, il y en a quelques-unes, elles ont un sacré pouvoir, et elles se gavent.

Conclusion

Ce qui cloche en un graphique…

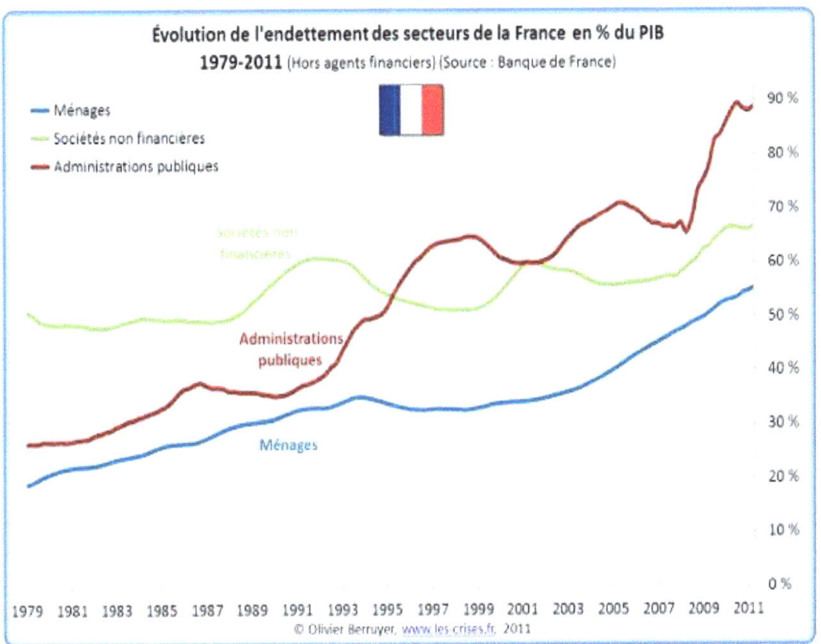

Et il date de 2011… Mais la tendance ne date pas d'hier…

Pour conclure ces pages de manière très brève, un constat simple et rapide : que ce soient les ménages, les entreprises ou l'État, nous vivons sur une montagne de dettes qui grandit d'année en année… Jusqu'où ?…

À propos de l'auteur
Jean-David Haddad

Retrouvez ses articles et analyses quotidiennes sur www.francebourse.com

Bibliographie :

Jean-David Haddad, co-fondateur de JDH Éditions, est aussi et surtout un auteur très éclectique.

Rédacteur de plusieurs milliers d'articles pour différents médias économiques et littéraires :

- *francebourse.com* dont il est co-fondateur en rédacteur en chef depuis 2002
- *jdheditions.fr* et sa revue littéraire *L'Édredon* dont il est directeur de publications depuis sa création en avril 2020
- *youtrading.com* dont il a été chroniqueur entre avril 2021 et 2023
- *entreprendre.fr*, dont il a été éditorialiste en 2022 et 2023

Il est aussi auteur de nombreux livres dans plusieurs domaines (économie, sujets de société, livres pratiques, livres scolaires, préfaces d'auteurs classiques) dont plusieurs best-sellers

Voici donc sa bibliographie en matière de livres.

Préfaces et postfaces d'œuvres classiques et contemporaines

– *Déclaration des droits de la femme et de la citoyenne* d'Olympe de Gouges, Éditions Memoria Books, janvier 2025

– *Le livre d'Hénoch*, septembre 2024

– *Les techniques du corps*, Marcel Mauss, Les Atemporels, JDH Éditions, janvier 2024

– *Le suicide* d'Emile Durkheim, Les Atemporels, JDH Éditions, janvier 2024

– *Mémoires olympiques* de Pierre de Coubertin, Ed. Memoria Books, mai 2023
– *Max* de Franck Antunes, Magnitudes, JDH Éditions, mars 2023
– *Le Capital* Tome 1 de Karl Marx, Ed. Memoria Books, février 2023
– *Découvrez votre potentiel de trader* de Benoist Rousseau, Les Pros de l'Éco, JDH Éditions, février 2023
– *L'ecclésiaste*, texte biblique, Les Atemporels, JDH Éditions, juin 2022
– *La machine à explorer le temps* de H. G. Wells, Les Atemporels, JDH Éditions, avril 2022
– *Perspectives pour nos petits-enfants, 1930-2030* de J. M. Keynes, Les Atemporels, JDH Éditions, février 2022
– *Nous ne sommes pas le sexe faible*, collectif de témoignages féminins, JDH Éditions, février 2022
– *La crise du monde moderne* de René Guénon, Les Atemporels, JDH Éditions, janvier 2022 – BEST SELLER
– *1984* de George Orwell, Les Atemporels, JDH Éditions, juin 2021 – BEST SELLER

Essais

– *La belle équipe du football français*, en co-auteur, Sporting Club, JDH Éditions, octobre 2022

– *Chroniques d'un économiste juste avant la crise*, Nouvelles Pages, JDH Éditions, juillet 2022

– *Bourse de Paris : 10 grands patrons, 10 grandes histoires*, en co-auteur, Les Pros de l'Éco, JDH Éditions, avril 2022

– *Inflation : 9 vérités pour comprendre et s'adapter*, Business, JDH Éditions, février 2022

– *Face au monde d'après : du COVID à 2030, s'adapter à ce qui pourrait nous attendre*, Les Pros de l'Éco, juin 2020

– *Ce que votre banquier ne vous dira jamais*, en co-auteur, JDH Éditions, janvier 2019

– *Notre pouvoir d'achat est-il condamné ?* JDH Éditions, novembre 2018

– *Comment être rentier sans quitter la France ?* 1001 Réponses, janvier 2013

– *La crise jusqu'à quand ?* 1001 Réponses, décembre 2012

Livres didactiques, pratiques et pédagogiques

– *Penny-stock trading*, les Guides de Francebourse.com, JDH Éditions, avril 2024

– *Analyse fondamentale et analyse technique*, les Guides de Francebourse.com, JDH Éditions, février 2024

– *Bien démarrer en Bourse*, les Guides de Francebourse.com, JDH Éditions, septembre 2023

– *Inflation, 9 vérités pour comprendre et s'adapter*, JDH Éditions, février 2022

– *Écrire un livre à succès*, Baraka, JDH Éditions, mai 2021

– *Petit guide de survie face aux krachs boursiers*, JDH Éditions, mars 2020

– Tout le monde peut s'enrichir en Bourse, Les Pros de l'Éco, JDH Éditions, novembre 2019

– Small caps, un atout majeur pour gagner en Bourse, JDH Éditions, novembre 2019

– Comment déjouer les pièges de la Bourse ? JDH Éditions, juin 2019

– L'économie ? Rien de plus simple ! Les Pros de l'Éco, JDH Éditions, novembre 2018 – BEST SELLER

– Le trading, les vrais leviers d'une activité qui traque les gains, Gualino Éditions, septembre 2012

– Les placements dans le vin, une goutte de plaisir dans votre patrimoine, en co-auteur, Gualino Éditions, septembre 2012

– Devenez l'homme qui bat le marché, Gualino Éditions, juillet 2011

– Le penny-stock trading, l'art de gagner beaucoup en misant peu, Gualino Éditions, janvier 2007 (2 éditions) – BEST SELLER

– Quand j'ai commencé à gagner en Bourse, personne ne m'a cru, Gualino Éditions, juin 2004 (3 éditions) – BEST SELLER

Livres scolaires

– Sciences Économiques et Sociales : L'essentiel, Bordas, septembre 2002

– Réussir sa seconde en SES, Bordas, août 2000 – BEST SELLER

Romans

– Pacifica ou l'itinéraire d'un enfant de l'an 2000, Éditions Sol'Air, décembre 2000 – BEST SELLER

L'inflation est de retour ! On l'entend depuis plusieurs mois, et on le vit ! Mais nous dit-on tout ce qu'il faut savoir sur le sujet ? Certainement pas.

Ce livre ne prétend pas être l'essai ultime sur l'inflation, mais relater des vérités qui sont bonnes à connaître dans le contexte présent et à venir, pour bien comprendre, et pour s'adapter. Il prétend aussi combler un vide sidéral puisqu'aucun livre n'a été publié en France sur ce thème si sensible, tandis que les Français ne sont toujours pas réconciliés avec l'économie.

Suivez **JDH Éditions** sur les réseaux sociaux
pour en savoir plus sur les auteurs,
les nouveautés, les projets...

Inscrivez-vous à notre Newsletter sur
www.jdheditions.fr
Pour recevoir l'actualité de nos nouvelles
parutions